SCL

Reihe Philosophische Sphären

Philosophische Schriften

Richard Hörner

Was ist Metaphysik?

Martin Heidegger
und die Entfremdung vom Sein.
Ein kurzer Überblick

Reihe Philosophische Sphären

Philosophische Schriften

Bibliographische Information Der Deutschen Bibliothek
Die Deutsche Bibliothek verzeichnet diese Publikation in der
Deutschen Nationalbibliografie; Detaillierte bibliografische Daten
sind im Internet über http://dnd.ddb.de abrufbar

Verlag: Scriptline Verlag, Bellheim
Weitere Informationen zum Verlag: http://www.scriptline.de

Satz: ScriptlineArts
Umschlag: ScriptlineArts
Druck und Herstellung: ScriptlinePress
Printed in Germany
Erste Auflage 2014
ISBN 978-3-938846-52-0

Die Seinsvergessenheit des Menschen
oder doch ein Kampf der Realitäten?

Inhaltsverzeichnis

1. Einleitung

Die Begriffe des Seins, des Hierseins, des Daseins, der Existenz und Worte wie Lichtung und Metaphysik sind dem heutigen Leser sicherlich schwerer zu vermitteln als vielleicht noch vor acht Jahrzehnten, da eine gewisse Schwülstigkeit im Sprachlichen und Denken in Sphären, deren reale Bezüge häufig in Frage gestellt werden müssen, im 21.Jahrhundert weniger Anklang finden – ob dies für den Menschen und die Gesellschaft, in der er sich befindet, nun gut oder schlecht ist. Auch wenn der konkrete Lebensvollzug bei den Existenzphilosophen (Sartre, Jaspers, Husserl usw.) im Vordergrund zu stehen scheint, immer leuchtet die Frage nach dem Sinn und Zweck des Seins auf und auch die, welche Rolle der Mensch in der Welt, dem Kosmos, einem Ganzen einnimmt und einnehmen kann. Es geht um geistige Orientierung, um die konkrete Stellung des Menschen und dessen, was er denkt oder denken könnte.

Die Metaphysik nimmt dabei innerhalb der philosophischen Arbeit eine zum einen anziehende, zum anderen erschreckende Rolle ein: Was sind die Grundstrukturen, was hinter dem uns real Erscheinenden das Dahinterliegende, was sind die inneren oder unsterblichen Kräfte – mal mit, mal ohne den Menschen und seine Existenz. Gibt es so etwas wie Existenz überhaupt oder doch nur Nichts? Viele Fragen, viele Antworten seit den Vorsokratikern, die, wenn überhaupt, letztlich nur eines gemeinsam hatten: Zum Vorschein bei all der Beschäftigung mit metaphysischen Fragestellungen und Problemen kam irgend eine Art Trieb zum Vorschein, irgend ein Wunsch, der im Menschen vorhanden zu sein schien und ihn immer wieder zum Handeln, zum Denken, zum Fragen und zur Tat antrieb. Ein Trieb oder eine Art Drang, der sich danach sehnte und sehnt, letztlich eine, letztlich *die* entscheidende Frage zu beantworten: Warum gibt es den Menschen und weshalb hat er *gleichzeitig* die Fähigkeit, über sein Dasein nachzudenken? Es mag eine schmerzliche Erkenntnis des Menschen sein: Aber entweder dieser Trieb bzw. Drang hat einen Sinn, dann hätte er auch einen Zweck, über den es sich nachzudenken lohnt. Oder es handelt sich um eine bösartige Gabe irgendeines Gottes oder um einen komischen Zufall des Kosmos, deren beider Sinn keiner wäre und deren beider Zweck nur Qualen für das Denken auslösen.

Welchen Standpunkt man auch immer einnimmt – die Philosophie hat mittlerweile resigniert und sich von metaphysischen Beschäftigungen sinnigerweise ob der Unbeantwortbarkeit metaphysischer Fragestellungen und nach einer Vielzahl an sich widersprechenden möglichen Antworten von Seinsgrübeleien verabschiedet. Die Experimentierer und Spekulanten der physikalischen Disziplinen mit ihrer vermeintlichen Fokussierung auf mehr oder minder sinnfreie

Beobachtungen, auf das Vermessen, das Nachvollziehen des logischen und gesetzmäßigen Verlaufs der Welt, die wir sinnlich erfassen können und theoretisch könnten – diese Gruppen sind die neuen Präzeptoren des fragmentierten Metaphysischen. Fragmentiert, da auf wenige Methoden konzentriert.

Die philosophische Metaphysik hat, wie sich im Laufe der Jahrhunderte zeigte, ganz andere Möglichkeiten gehabt: Sie war frei von Methoden, frei von Denkzwängen, nach allen Seiten hin offen und fragend, sich auf oder gegen den Menschen konzentrierend, mit und ohne Einbeziehung der Sinne, komplex bis hin zur Unverständlichkeit.

Metaphysik bei Heidegger folgt in seiner Struktur einer klaren, wenngleich sprachlich teilweise diffus erscheinenden, jedenfalls ungewöhnlich formulierten Perspektive, die aber darauf basiert, dass die Sprache für den Zugang zu dem, was er Sein nennt, wesentlich ist. Aber eine andere Sprache als das, worunter wir Sprache verstehen. Seine Metaphysik hat folgenden wesentlichen Kerngedanken – wobei bereits hier betont werden muss, dass gerade Heidegger-Apologeten die Deutungshoheit dahingehend inne zu haben beanspruchen, dass diese betonen, man könne auf Heidegger nur durch Heidegger-Terminologie antworten, was an dieser Stelle natürlich vermieden werden soll. Und ja, es scheint ebenfalls ungewöhnlich, dass gerade Heidegger in fast jedem seiner Interviews die Begriffe „Missverständnis" oder „Fehldeutung" verwendete und auch in fast jedem Aufsatz der eine dem anderen Heidegger-Forscher vorwarf und vorwirft, er verstünde Heideggers Thesen falsch oder gar nicht. Vielleicht hilft dann doch auch hier Heidegger, dem vor allem die ernsthafte und denkend-forschende, die intensive Beschäftigung mit einer Thematik wichtiger schien als die reinen Schlüsse, die man daraus scheinbar ziehen konnte.

Also: Heidegger will originell sein, er stellt seine eigene Metaphysik gegen die Metaphysik der anderen. Andere hätten bisher die Metaphysik mit den Fragen nach dem Sein der wirklichen, vom Menschen losgelösten Wirklichkeit, also den Dingen hinter den Dingen, lediglich so betrieben, dass die Metaphysik nur *scheinbar* auf die wahren und eigentlichen Dinge hinter den Dingen, also nur *scheinbar* auf das Sein der echten Wirklichkeit geblickt hat. Warum? Bisher *dachte* die ernsthaft *betriebene* Metaphysik, sie sehe wahre Strukturen hinter den Dingen. Sie habe aber doch nur Dinge hinter den Dingen gesehen, die *ebenfalls* nur die Oberfläche waren, die ebenfalls nur die *Phänomene* waren, die ebenfalls nur die Dinge vor den Dingen waren – wobei man das Herausdestillierte lediglich als wahre und dahinter liegende Seinsstrukturen *aufgefasst* hat. Vielleicht ein passendes Beispiel, von Heidegger selbst verwendet: Er greift ein Bild Descartes auf, dass die Philosophie mit einem Baum und die Metaphysik mit den Wurzeln dieses Baumes verglich und meint, dass das „Sein selbst", also das, mit dem sich die Metaphysik eigentlich beschäftigt, der *Grund* sei, aus dem sich die Wurzeln, also die Metaphysik, nähren würden, aus dem der Baum, also die Philosophie, dann erwachse.

So betrachtet, beschäftigt sich die Philosophie, die ja bei der Metaphysik vorgibt, sich mit dem Letzten, dem Dahinterliegenden zu beschäftigen, mit dem Falschen, letztlich mit etwas, wovon es eben doch noch ein wirkliches und wahres Dahinterliegendes gibt, welches sich nicht immer zeigt, vielleicht sogar mehr verbirgt und nur in bestimmten Konstellationen zum Vorschein kommt. Bisher war die Beschäftigung mit dem Sein des Seienden, als den *vor* (oder *dahinter*, je nach Perspektive, die der Betrachter bildhaft einnimmt) dem eigentlichen Sein liegenden Phänomenen oder Dingen, die *betriebene* Metaphysik, für ihn stellt dies ein „Nihilismus"[1] dar und nicht die Beschäftigung mit dem Sein des Seins. Dieses eigentliche Sein ist für ihn in Vergessenheit geraten, worauf er zeitlebens nie müde wurde hinzuweisen.

Damit ist das Thema gesetzt, mit dem sich Heidegger beim Thema Metaphysik beschäftigt. Hier geht es um seine Ausführungen in seinem Vortrag bzw. Büchlein „Was ist Metaphysik?".

---

[1] vgl. hierzu seine Ausführungen in seinem Buch über „Nietzsche"

Zur Person Heideggers[2]

Heidegger, am 26. September 1889 in Meßkirch (Baden) als Sohn des Messners und Küfermeisters Friedrich Heidegger und dessen Frau Johanna, geb. Kempf, geboren, studiert nach dem Abitur 1909 bis 1913 in Freiburg im Breisgau katholische Theologie mit dem Vorhaben, Priester zu werden, ab 1911 zusätzlich Mathematik, Naturwissenschaften und Philosophie[3]. Mit dem Text *Die Lehre vom Urteil des Psychologismus. Ein kritisch-positiver Beitrag zur Logik* promoviert sich der junge Philosoph 1913 und habilitiert sich 1916 in Philosophie mit der Arbeit *Die Kategorien- und Bedeutungslehre des Duns Scotus*[4].

Bereits früh als Phänomenologe eingestuft, tritt Heidegger 1919 eine Assistenzstelle bei Edmund Husserl an. Er wird 1923 Außerordentlicher Professor der Philosophie in Marburg, kehrt 1928 aber wieder nach Freiburg als Nachfolger Husserls zurück, ein Jahr nach Veröffentlichung seines Hauptwerkes *Sein und Zeit*, mit dem er seine

---

[2] alle nicht näher ausgezeichnete Angaben aus: Stiftung Deutsches Historisches Museum (DHM), http://www.dhm.de/lemo/html/biografien/HeideggerMartin

[3] vgl. Hoerster, Norbert [Hrsg.]. Klassiker des philosophischen Denkens. Band 2. 6.Auflage. München: dtv, 2001. S. 274, Z. 23ff; **Achtung: Nachfolgend werden die Zitate wie folgt angegeben: Zuerst Seite (hier: S.274), dann die Zeile (hier: Zeile 23ff)**

[4] Hoerster, Klassiker...a.a.O., S. 275, Z. 3

Fundamentalontologie begründet, mit der Problematik der Subjektivität im Zentrum seiner Betrachtungen.

1930 erscheint *Vom Wesen der Wahrheit* und eröffnet sein Spätwerk. Nach Lehrverbot nach dem Zweiten Weltkrieg und kurzzeitigem Entzug der Lehrbefugnis bis 1951[5] wegen dessen Parteinahme für den deutschen Nationalsozialismus in den Jahren 1933/34[6] wirkt Heidegger wieder in Freiburg, wo er 1952 emeritiert wird. 1976 stirbt der Philosoph, am 26. Mai, in Freiburg im Breisgau.

Im Gedächtnis der meisten philosophisch Interessierten stehen zwei wesentliche Komponenten im Leben „des bedeutendsten und einflussreichsten Philosophen der ersten Hälfte des 20. Jahrhunderts"[7], eine philosophische und eine politische: Die philosophische beinhaltet zwei Teile seines Werkes, mit dem scheinbar radikalen Wechsel Heideggers von seinen ursprünglichen Ansichten über die Welt und Metaphysik hin zu einer Überzeugung, dass aktuelle Krisenerscheinungen abendländischer Zivilisation Folgen der schicksalhaften Deutung des Sinnes von Sein als verfügbarer Gegenwart seien[8]. Diesen Wechsel bezeichnet er selbst als seine „Kehre", „[s]chon bald

---

[5] Hoerster, Klassiker...a.a.O., S. 277, Z. 31

[6] Hoerster, Klassiker...a.a.O., S. 277, Z. 28ff

[7] Hoerster, Klassiker...a.a.O., S. 274, Z. 4f

[8] vgl. Hoerster, Klassiker...a.a.O., S. 276, Z. 27ff

nach 1930"[9]. Wobei dies wohl eher als Perspektivenwechsel auf einem Weg zu verstehen ist, das Sein zu betrachten und sich mit diesem zu beschäftigen. Die politische Komponente beinhaltet seine anfängliche Begeisterung für den Nationalsozialismus mit der Wertschätzung Adolf Hitlers für seine Bereitschaft zum Handeln und erst allmählichen Wiedereingliederung in den wissenschaftlichen Betrieb, Jahre nach Ende des Zweiten Weltkriegs. Wobei auch hier sicherlich fraglich ist, ob eine grundsätzliche nationalsozialistische Tendenz wirklich bestand.

Erwähnenswert ist, dass Heidegger nach Ansicht vieler Beobachter sämtliche wichtigen Bereiche folgender wissenschaftlicher Disziplinen nicht nur berührt, sondern in diesen zum Teil wesentliche, verändernde Einflüsse erzielt hat: So in der Psychiatrie, der Psychologie, der Literaturwissenschaft, der evangelischen und katholischen Theologie, der allgemeinen Sprachwissenschaft, um nur einige zu nennen[10]. Da seine Lieblingsbeschäftigung die mit dem Sein und dem Menschen darin (Wesen des Daseins) war, scheint dies auch nicht verwunderlich.

---

[9] Hoerster, Klassiker…a.a.O., S. 276, Z. 29f
[10] Hoerster, a.a.O., S. 274, Z. 6ff

Anhand dieser kurzen Vorstellung erkennt man die Wichtigkeit von Heideggers Werk und Wirken. Interessant erscheint in diesem Zusammenhang vor allem ein sprachlicher Aspekt: Eine allgemeine Feststellung ist, dass Heideggers Texte dem Leser nur schwer verständlich seien, vor allem durch die Verwendung eines ihm eigentümlichen Sprachgebrauchs „unter Verwendung von neuen Wortdeutungen"[11]. Parallel einher geht die Vermutung, dass mit der Sprache der Inhalt auch da Tiefe impliziert, wo dies anzuzweifeln wäre. Vielleicht erhalten seine Bilder, die er sprachlich zu projizieren versucht, aber gerade durch den ungewöhnlichen Duktus die nötige grundlegende Bildkraft. Möglicherweise verdecken sie aber auch mehr, als sie offenbaren, und führen zu Missverständnissen. Beides ist ungewiss.

Besondere Vorbemerkungen

Mit seiner Antrittsvorlesung am 24. Juli 1929 in der Aula der Universität Freiburg im Breisgau unter dem Titel „Was ist Metaphysik"[12] tritt Heidegger als Nachfolger Husserls als Freiburger Profes-

---

[11] Kunzmann, Burkard, Wiedmann [Hrsg.]. dtv-Atlas zur Philosophie. München: Deutscher Taschenbuch Verlag, 4.Aufl., Oktober 1994

[12] vgl. Heidegger, Martin. Was ist Metaphysik. Frankfurt am Main: Vittorio Klostermann, 15. Aufl., 1998, siehe Umschlagtext. **Nachfolgend HWM bezeichnet**

sor auf die wissenschaftliche Bühne, zwei Jahre nach Erscheinen seines Hauptwerkes *Sein und Zeit*. Bereits seit Beginn seiner Lehrveranstaltungen macht Heidegger unter seinen Zuhörern auf sich aufmerksam, vor allem durch seinen rebellischen Gestus[13] und durch seine persönliche Ausstrahlung[14]. In Zeiten eines Albert Einstein war man der Ansicht, dass es menschliche Unikate gibt, die als Teil der Menschheit eine Art letztes Wissen in sich tragen würden und die die tiefen Geheimnisse des Kosmos mit Hilfe des Denkens entschlüsseln können. Diese besonderen Existenzen sollten in der Lage sein, die Welt, wie man sie kannte, aus den Angeln zu hebeln. Die Anwesenden, die beispielsweise auch an dieser Vorlesung Heideggers teilgenommen hatten, äußerten noch Jahre danach in Interviews das Empfinden, an etwas Großem teilgenommen zu haben: Man erhoffte sich tiefgreifende Einsichten über das Wesen dessen, was den Menschen umgibt, und ein Fortschritt der eigenen Lebensperspektiven.

Der Text „Was ist Metaphysik" wurde im gleichen Jahr seiner Rede gedruckt (aber jeweils erweitert und mit einem Vorwort und einem Anmerkungsteil versehen, beide wurden nachträglich eingebunden und für nachfolgende Auflagen wieder verändert[15]) und entfaltet –

---

[13] vgl. Hoerster, a.a.O., S. 275, Z. 14

[14] Hoerster, Klassiker…a.a.O., S. 275, Z. 15f

[15] vgl. HWM, Umschlagtext; 1943 das Nachwort, 1949 die Einleitung

ausgehend vom Nichts – das metaphysische Fragen. Sein Vorhaben ist aber nicht, über die Metaphysik selbst zu sprechen[16], wie er kokett vermerkt. Was dies genauer bedeutet, wird später erläutert. Hernach folgt eine Ausarbeitung der Frage (dieses metaphysischen Fragens) und eine Vollendung durch deren Beantwortung[17]. Letztlich – um es gleich vorwegzunehmen – sagt Heidegger, was Metaphysik nicht ist und im eigentlichen Sinne sein müsste, aber er gibt keine metaphysischen Antworten im Sinne von Weltweisheiten, wie man sie vielleicht erwarten mag. Er macht aber deutlich, was Metaphysik sein könnte.

Hierbei ist der Hintergrund erwähnenswert, dass Heidegger diesen Vortrag zwar *vor* seiner Kehre hält, in der er eine andere Herangehensweise an die Beschäftigung mit der Frage nach dem Menschen und seines Seins hat als in seinen späteren Jahren, aber den Vortragstext nach dieser Kehre durch eine Einleitung und ein Nachwort ergänzt und erweitert: In *Sein und Zeit* hatte der Philosoph versucht, „die Frage nach dem Sinn vom Sein vom Seinsverständnis des Daseins her zu klären"[18], also rein vom Menschen (Dasein) ausgehend, der ein verstehendes Seinkönnen ins sich birgt und seine Existenz

---

[16] vgl. HWM, S. 26, Z. 3

[17] vgl. HWM, S. 26, Z. 8ff

[18] dtv-Atlas, a.a.O., S. 207

(das Sein des Daseins) als *Eigentlichkeit* (Gewinn) oder *Uneigentlich-keit* (Verlust) entscheidet.

Wohingegen er nach 1930 die Frage nach dem Sinn von Sein anders stellt: Es ist „das Sein selbst, das Seinsverständnis ermöglicht, in der Weise, in der es sich entbirgt"[19]. Nun wird das Sein als Lichtung beschrieben, in das dem Dasein (dem Menschen) das Seiende gelichtet wird. Nur innerhalb dieser Lichtung ist Seiendes für das Dasein (den Menschen) möglich, die Grenze der Erkenntnis ist beispielsweise dann erreicht, wenn Seiendes nicht in dieser Lichtung erscheint. Dabei spielen Begriffe wie Verborgenheit und Unverborgenheit („die Lichtung schenkt und verbürgt uns Menschen einen Durchgang zum Seienden") eine Rolle: Die Wahrheit des Seins, wie Heidegger vermerkt, „ist das Ereignis der Lichtung, das alles gelichtete Seiende trägt"[20]. Das Seiende im Ganzen entzieht sich aber, da ja nicht alles durch das Ereignis des Seins gelichtet werden kann.[21] Nun gibt es zur *Existenz* die *Ek-sistenz* des Menschen als sein *Stehen in der Lichtung des Seins.*[22] Es scheint für die Beschäftigung mit seiner Metaphysik durchaus relevant, diese wenigen Vorstellungen kurz anzudeuten, die heutzutage sicherlich als gedankliche Megablasen

---

[19] dtv-Atlas, a.a.O., S. 207

[20] dtv-Atlas, a.a.O., S.207

[21] vgl. etwas ironisiert die zuvor beschriebene Auffassung

[22] dtv-Atlas, a.a.O., S.207

mal so, mal anders interpretiert und dadurch auch missinterpretiert werden können, aber als Beschreibung dessen, was er sich unter dem Sein und der den Menschen umgebenden Realität versteht, nicht unwichtig.

Bevor Heidegger versucht, das metaphysische Fragen in seinem Vortrag zu entfalten, beschäftigt er sich in einer Einleitung mit dem *Rückgang in den Grund der Metaphysik*, er wirft also Fragen auf, die sich mit dem „Wesen der Metaphysik"[23] auseinandersetzen, aus welchem grundsätzlichen Element die Metaphysik besteht, also mit seiner Eigentümlichkeit. Eine *Überwindung der Metaphysik* sieht der Philosoph als unumgänglich an, auch wenn er noch die Sprache gebraucht, die er zu überwinden ansetzt[24], wie etwas kokett formuliert wird. Diese Bemerkung bezieht sich auf seine Vorstellungen von Sprache: Wie er in zahlreichen Interviews betont, komme der Mensch „im gemeinen Leben" mit der Sprache als „Mittel" aus, weil man nur „oberflächliche Verhältnisse" meine. Doch gebe es noch „andere Verhältnisse als diese gewöhnlichen". Sobald von tieferen Verhältnissen die Sprache sei, würde eine andere Sprache eintreten: „Die Poetische".[25]

---

[23] HWM, S. 7, Z. 14

[24] HWM, vgl. S. 46, Z. 7ff

[25] vgl. bspw.: Die vollständigen Reden Heideggers aus der NESKE-Dokumentation (1975), Teil 1, unter: http://www.youtube.com/watch?v=mHc4v8R1wX0

Er kommt jedenfalls in seiner Einleitung zu dem Ergebnis, dass die Metaphysik die *Geschichte* der Wahrheit über das Seiende darstellt, indem sie die Seiendheit des Seienden zum Begriff bringe[26]. Das *Seiende* ist dabei immer als das zu verstehen, was durch das Dasein (den Menschen) heraus innerhalb dieser Lichtung erscheint. Wie groß etwa diese Lichtung ist und wann und wie sie entscheidet, entscheide, so Heidegger, nicht der Mensch, er hat aber durchaus Möglichkeiten der Einflussnahme.[27] Er will also einfach darauf hinweisen, dass die Metaphysik so, wie sie bisher betrieben wurde, im eigentlichen Sinne nicht als die Metaphysik betrachtet werden sollte, die sie vorgibt zu sein – denn um die wahren, dahinterliegenden und letzten Dinge und Strukturen ging es bisher bei metaphysischen Beschäftigungen nicht.

Auf dieser Basis heraus durchleuchtet er in seiner Arbeit die Grundfrage der Metaphysik, warum es überhaupt Seiendes gebe und nicht vielmehr Nichts[28]. Heidegger versucht, „aus dem Denken an die Wahrheit des Seins her an das Nichts und von da in das Wesen der

---

[26] HWM, vgl. S. 47, Z. 7ff

[27] mehr lässt sich an dieser Stelle dazu nicht weiter ausführen: „Die Ankunft des Seienden beruht im Geschick des Seins. Für den Menschen aber bleibt die Frage, ob er in das Schickliche seines Wesens findet, das diesem Geschick entspricht", bspw. unter: dtv-Atlas, a.a.O., S. 207

[28] vgl. HWM, S. 23, Z. 11ff

Metaphysik zu denken"[29]. Er versucht also aus einer Art Denkspirale herauszukommen, aus einem Denkgefängnis, wenn man so will, indem sich bisherige Denker *scheinbar* befunden haben, deren metaphysische Beschäftigungen – um bei vorgenanntem Bild des Baumes mit den Wurzeln zu bleiben – bei den Wurzeln begonnen haben, dies dann Metaphysik genannt haben, die aber *den Grund* vergessen oder nicht beachtet haben, der ja als das eigentliche Sein zu verstehen ist. Er versucht also einen Umweg und will in den Boden (den Grund im Bild des Baumes) eindringen. Aber wie will er das erreichen?

Indem er zuvörderst vermeidet, *über* die Metaphysik zu reden[30], wie er betont, gelangt er durch die Erörterung „eine[r] bestimmte[n] metaphysische[n] Frage"[31] – wie steht es um das Nichts? –, mit deren Hilfe er *scheinbar* „unmittelbar in die Metaphysik"[32] hineinversetzt wird, zu einer Selbstpräsentation der Metaphysik. Diese Selbstpräsentation ermöglicht die Beantwortung der Frage. Er will also nicht den Baum und die Wurzeln betrachten oder aus ihnen heraus Fragen stellen, sondern wischt beides erst einmal weg. Wie, so könnte man Heideggers Frage anders stellen, wäre es, wenn wir uns auf das

---

[29] HWM, S. 23, Z. 16ff

[30] vgl. HWM S. 26, Z. 2f

[31] HWM S. 26, Z. 4

[32] HWM S. 26, Z. 5f

Nichts einlassen würden, also erst einmal alles, was irgendwie scheinbar vorhanden ist und den Denker ablenken könnte, außer Acht lassen. Noch einmal: Hier versteht man auch, weshalb er kokett auf die herkömmliche Sprache kommt, die natürlich im „Seienden" ihren Ursprung hat und die er deshalb ja durch eine andere Sprache überwinden möchte. Es bedürfe neuer Methoden des Sehens im Denken. *Angst*, wie der Philosoph meint, ist dabei der Schlüssel zur Offenbarung des Nichts im Dasein des Menschen, hin zu einer Erkenntnis von Sein, Seiendem, Nichts, dem Nicht, dem Dasein und der Existenz. Also von ziemlich vielem. Was Heidegger gelingt, ist, die Frage nach der Metaphysik nicht von dem Seienden, dessen, was *scheinbar* offenkundig vorliegt, sondern von dem Ende der Metaphysik her zu durchleuchten[33]. Er will *den Grund* sehen im Denken, nicht die *Wurzeln*. Er möchte dies mit Hilfe eines Gefühls als von herkömmlicher notdürftig verwendeter Sprache unabhängig versuchen. Er möchte sich nicht mehr mit dem Sein des Seienden sondern mit dem Sein als Sein beschäftigen. Er desavouiert damit quasi die bisherige Metaphysik als sinnlose Veranstaltung und Pseudodisziplin oder zumindest als vergeblichen Versuch, sich über das Sein im Klaren zu werden. Sie ist nicht das, was sie bisher vorgab zu sein. Besonders deutlich wird dies in seinen Ausführungen zu Nietzsche in seinem Buch „Nietzsche", in dem er der gesamten bisher

---

[33] vgl. HWM S. 25, Z. 7ff

betriebenen Metaphysik abspricht, sich mit dem Sein beschäftigt zu haben. Die bisherige „Metaphysik habe zwar immer nach dem Wesen der Wirklichkeit und damit nach dem Sein des Seienden gefragt, das Sein als solches sei jedoch nie in das Blickfeld der metaphysischen Denker getreten".[34]

2. Was ist Metaphysik?

2.1 Einleitung: Der Rückgang in den Grund der Metaphysik

a) Die Überwindung der Metaphysik

Ausgehend von der Frage, was die Metaphysik ihrem Wesen nach eigentlich sei, „[w]as im Grunde überhaupt Metaphysik"[35] ausmache, entwickelt Heidegger die These, dass das Sein durch die (bisherige Praxis der) Metaphysik „in seiner Wahrheit nicht gedacht"[36] werden könne: Zwar habe sich überall da, wo „die Metaphysik das Seiende"[37] vorstelle, das „Sein gelichtet"[38] und das Sein sei in seiner Unverbor-

---

[34] DER SPIEGEL 14/1962 „Die Wacht am Sein", S. 72f

[35] HWM, S. 7, Z. 15

[36] HWM S. 8, Z. 9

[37] HWM S. 8, Z. 4

[38] HWM S. 8, Z. 4

genheit (in seiner Wahrheit des Seienden) angekommen[39]. Doch egal, wie man das Seiende auch auslege, „ob als Geist im Sinne des Spiritualismus, ob als Stoff und Kraft im Sinne des Materialismus, ob als Werden und Leben"[40], jedes Mal erscheine „das Seiende [lediglich] als Seiendes im Lichte des Seins"[41], aber das Sein werde nicht in seiner Wahrheit gedacht. Damit meint er, dass die Wahrheit des Seins im Ereignis der Lichtung besteht – das alles gelichtete Seiende trägt. Mit dem Bild des Baumes könnte man das vielleicht so formulieren: Wir sehen den Baum und dessen Wurzeln aus einer Perspektive des bereits gelichteten, also vom Sein offenbarten. Wir schaffen es nicht, „hinter" dieses bereits Vorhandene zu blicken, weil wir uns als Mensch (Dasein) darin befinden und verfangen sind – zumindest mit den Teilen, die wir als solche (gelichtete) wahrnehmen und welche wir auch erkennen können. Ein anderes Beispiel, welches das gleiche Muster offenbart: Heidegger selbst meinte in einem Interview, dass beispielsweise die Physik nicht mit physikalischen Methoden sagen könne, was die Physik sei, sondern was die Physik sei, könne man nur denken und philosophierend sagen.[42]

---

[39] vgl. HWM S. 8, Z. 5

[40] HWM S. 7, Z. 26ff

[41] HWM S. 8, Z. 3

[42] vgl. „Die vollständigen Reden Heideggers aus der NESKE-Dokumentation (1975)", Teil 2, unter: http://www.youtube.com/watch?v=6BHvdTZomK8

Es kulminiert in der These, dass die Metaphysik den Fehler mache, dass sie immer vom Seienden ausgehe und als selbst Seiendes im Seienden verharre[43], also nicht an das Sein selbst denke[44].

Hier macht Heidegger der Philosophie, die ihren Halt aus der Metaphysik ziehe[45], einen schwerwiegenden Vorwurf: Die Philosophie entferne sich aufgrund der Metaphysik von ihrem eigentlichen Element, ihrem Sein. Was stattfinde, sei ein pures Nichtdenken an das Wesen der Philosophie, einem „Nichtdenken an den Grund der Wurzel"[46]. Hier also wieder das Bild des Baumes mit der Wurzel und den Grund. Hoffnung erkennt der Philosoph aber dann, wenn sich die Philosophie als „ein Denken"[47] auf den Weg begebe mit dem Versuch, „die Wahrheit des Seins selbst zu denken"[48] – denn dann habe „das Denken die Metaphysik in gewisser Weise"[49] selbst verlassen. Man könnte also sagen, dass dann eine solche Art des Denkens in den Grund der Metaphysik zurückkehre, zu ihrem eigentlichen

---

[43] vgl. HWM S. 8, Z. 15ff

[44] vgl. HWM S. 9, Z. 5f

[45] vgl. HWM S. 7, Z. 8f

[46] HWM S. 10, Z. 9f

[47] HWM S. 9, Z. 10

[48] HWM S. 9, Z. 12

[49] HWM S. 9, Z. 13f

Element[50]: Das Wesen der Metaphysik sei hierbei aber „etwas anderes als die Metaphysik"[51].

Sicherlich ein schwieriger Akt, den Heidegger folgendermaßen bewältigen will: Ein solches Denken, „das an die Wahrheit des Seins"[52] denke, begnüge sich nicht mehr mit der Metaphysik, es wirke aber auch nicht gegen diese. Zwar bleibe die Metaphysik „das Erste der Philosophie"[53], aber nicht „das Erste des Denkens"[54], da sie im Denken an die Wahrheit des Seins überwunden würde[55]. Noch einmal: Die Metaphysik, so postuliert Heidegger, werde beim Denken an die Wahrheit des Seins (den Grund, aus der sich die Wurzel nährt), also überwunden.

Als Konsequenz wird der Anspruch der Metaphysik, den Bezug zum Sein und Seienden herzustellen und zu bestimmen, „hinfällig"[56]. Er zerstört dadurch quasi die Systematik der Metaphysik, die Wurzel und den Baum zu betrachten und die Beziehungen zueinander usw.,

---

[50] vgl. HWM S. 9, Z. 14ff

[51] HWM S. 9, Z. 17f

[52] HWM S. 9, Z. 19

[53] HWM S. 9, Z. 23f

[54] HWM S. 9, Z. 24

[55] vgl. HWM S. 9, Z. 25f

[56] HWM S. 9, Z. 29

denn diese ist seiner Ansicht ja sowieso nur ein Nachdenken, welches den falschen Fokus setzt.

Obwohl aber die Metaphysik überwunden würde, so Heidegger weiter, falle sie auch nicht ganz weg, denn als vernunftbegabtes Wesen bleibe der Mensch auch das metaphysische Wesen[57].

Was würde passieren, so stellt Heidegger indirekt die Frage, wenn der Mensch das Denken richtig nutzen würde? Er könnte durch das richtige Denken „in den Grund der Metaphysik zurückgehen, einen Wandel des Wesens des Menschen mitveranlassen"[58] und somit durch diesen Wandel auch einen Wandel der Metaphysik[59] und ein „Andenken an das Sein selbst" erreichen[60]. Also: Er könnte sich mit Hilfe des Denkens mit dem wirklichen Sein beschäftigen und mehr über dieses in Erfahrung bringen („dem Sein entsprechen"[61]), quasi

---

[57] vgl. HWM S. 9, Z. 29ff

[58] HWM S. 10, Z. 2f

[59] vgl. HWM S. 10, Z. 4f

[60] HWM S. 10, Z. 8

[61] vgl. seine Ausführungen in dem Interview: Über das Wesen des Menschen, Philosophie und Religion, die Methode des Denkens, Technik und Philosophie, Atheismus und die Selbstbesinnung der Menschen (Bhikkhu Maha Mani, Herbst 1963), unter: http://www.youtube.com/watch?v=4F0V9l8bUqc

in den Grund vordringen und von diesem – von unten her – das genährte Wurzelwerk wandeln. Wie auch immer dies geschehen mag.

Dies würde ein wesentlicher Fortschritt zu der Art der Philosophie bedeuten, die sich nur mit dem nur scheinbar Wahren des Seins auseinandersetzt, gleichwohl aber im Seienden verharrt. Sich also nicht wirklich mit dem vorgegebenen Thema beschäftigt. Was für das Denken benötigt würde, wäre, das sich das Denken selbst auf den Weg bringe zu denken – nur das Denken selbst sei dazu imstande[62]. Letztlich habe sich das Sein dem Menschen bisher verborgen.[63] Sicherlich ein interessanter Standpunkt, dem Denken diese ungeheure Wichtigkeit und Dominanz zuzugestehen.

b) Gründe für die Überwindung der Metaphysik

Weshalb, so stellt sich Heidegger die Frage, müsse es letztlich zu einer solchen Überwindung der Metaphysik in der zuvor geschilderten Art und Weise kommen?

---

[62] vgl. HWM S. 10, Z. 12ff

[63] vgl. Interview mit Heidegger unter: Über das Wesen des Menschen..., a.a.O., 1963, unter: http://www.youtube.com/watch?v=4F0V9l8bUqc

Er meint, eine solche Überwindung solle nicht deshalb erreicht werden, um eine neue Disziplin der Philosophie zu begründen[64], auch nicht, um eine „Veränderung des Lehrgebäudes der Philosophie"[65] zu erreichen oder gar eine „absolute Wissenschaft"[66] zu begründen.

Vielmehr gehe es um die eigentliche Wurzel der Philosophie, dem, „woraus die Philosophie als das vorstellende Denken des Seienden als solche ihr Wesen und ihre Notwendigkeit"[67] empfange. In einem übergeordneten Zusammenhang steht für Heidegger auf dem Spiel, ob das Sein selbst „aus seiner ihm eigenen Wahrheit"[68] heraus es schafft, seinen Bezug zum Wesen des Menschen zu ereignen[69]. Provokativ fragt der Philosoph, ob es nicht gerade die Metaphysik sein würde, die – durch ihre Abkehr von ihrem eigentlichen Wesen – auch weiterhin verhindern würde, dass „der Bezug des Seins zum Menschen aus dem Wesen dieses Bezuges selber zu einem Leuchten"[70] komme – das Leuchten, welches „den Menschen zum Gehören in das Sein"[71] bringe. Komme es somit zu einer Art Vergessen-

---

[64] vgl. HWM S. 10, Z. 21f

[65] HWM S. 10, Z. 24

[66] HWM S. 10, Z. 29

[67] HWM S. 10f, Z. 33ff

[68] HWM S. 11, Z. 3

[69] vgl. HWM S. 11, Z. 4f

[70] HWM S. 11, Z. 6f

[71] HWM S. 11, Z. 7f

heit darüber, dass der Mensch vom Sein verlassen und nur dem Seienden überlassen sei[72]? In der Logik Heideggers sicherlich ein be-
rechtigter Anspruch: Dadurch, dass sich der Mensch nur *scheinbar*
mit dem Sein beschäftigt, aber es eigentlich nur das *Sein des Seienden*
ist, entfernt er sich von seinem eigentlichen Vorhaben, der Beschäftigung mit den Fragen nach dem Letzten, den dahinterliegenden
Strukturen, den Wahrheiten des Seins – er strebt nach Wahrheit
oder Erkenntnis, die er im Falschen zu finden scheint. Die eigentliche Wahrheit, das eigentliche Sein gerät in Vergessenheit. Wie
könnte der Mensch dies auch wissen, da er ja denkt, er beschäftige
sich mit diesem Sein (durch die Metaphysik), dabei ist es aber eine
Illusion?! Dadurch verliert das Sein aber auch immer mehr, nach
Heidegger, seinen Bezug zu diesem Wesen des Menschen. Womit
man fragen könnte, ob dahinter eine Gottheit als Sein oder eine Art
Willen vermutet werden kann, der oder dem ein solcher Bezug zum
Wesen des Menschen überhaupt wichtig erscheint.

Um die Frage nach den Gründen der Notwendigkeit der Überwin-
dung der Metaphysik zu beantworten, behauptet Heidegger, dass der
Metaphysik bisher die Wahrheit des Seins verborgen geblieben sei[73]:
Aus besagten Gründen heraus, er formuliert es nochmals: Einfach

---

[72] vgl. HWM S. 13, Z. 3ff
[73] HWM S. 11, Z. 27ff

deshalb, da die Metaphysik „das Sein nicht zur Sprache"[74] bringe, also sie „das Sein nicht in seiner Wahrheit und die Wahrheit nicht als die Unverborgenheit und diese nicht in ihrem Wesen"[75] bedenke. Denn die Wahrheit nach Heidegger ist ja unter anderem, dass beispielsweise das Seiende sich auch in seiner Ganzheit verbirgt und nur den Teil sozusagen preisgibt, der sich in der Lichtung (Ek-sistenz des Menschen als das Stehen in der Lichtung des Seins) zeigt. Schuld sei die Tatsache, dass der Metaphysik das Wesen der Wahrheit nur in einer Gestalt der Wahrheit der Erkenntnis und der Aussage über diese erscheine[76]. Und die Erkenntnis, so hat Heidegger ja das Bild verwendet, ist nur innerhalb der Lichtung möglich – alles darüber hinaus geht über die Grenzen der Erkenntnis.

Aber weshalb nun denkt die Metaphysik nicht an die Wahrheit des Seins? Heidegger fragt sich, ob es an der Art des metaphysischen Denkens liegen könnte oder im Wesensgeschick der Metaphysik. Denn Heidegger behauptet ja, dass man durch das Denken an die Wahrheit des Seins zu dem eigentlichen Kern vordringen könne.

Auch wenn die Metaphysik ständig behaupte, sie stelle die Frage nach dem Sein und gebe passende und letzte Antworten darauf,

---

[74] HWM S. 11, Z. 12
[75] HWM S. 11, Z. 12ff
[76] vgl. HWM S. 11, Z. 14ff

meint Heidegger, dass sie überhaupt niemals die Frage nach der Wahrheit des Seins gestellt habe und stelle[77]:

Da die Metaphysik vom Sein spreche, dabei aber das Ganze des Seienden meine[78], liege eine ständige Verwechslung zwischen dem Sein und dem Seienden vor[79]. Dies führe zu einer Verwirrung, wenn die Metaphysik meine, sie stelle die Seinsfrage[80]. Hierin liegt auch die provokative Frage zu Beginn begründet, wenn er anmerkt, ob die Metaphysik nicht eine Art Schranke bilde, „die dem Menschen den anfänglichen Bezug des Seins zum Menschenwesen"[81] verwehre. Handelt es sich also um eine Methodenfrage der bisherigen Metaphysik, also nur um methodische Fehler? Ihm kommt es in jedem Fall auf das eigentliche Sein an, nicht auf das *scheinbare Sein*, welches immer mehr in Vergessenheit geraten sei. Und er geht kurz auf die Frage ein, ob „das moderne Weltalter"[82] der Menschheit nicht gerade durch diese Vergessenheit des Seins geprägt sei, ja, man sich dieser Vergessenheit gar nicht bewusst wäre[83] und der Strudel der Vergessenheit noch verstärkt würde[84].

---

[77] vgl. HWM S. 12, Z. 7ff

[78] vgl. HWM S. 12, Z. 12

[79] vgl. HWM S. 12, Z. 17ff;

[80] HWM S. 12, Z. 20ff

[81] HWM S. 12, Z. 27f

[82] HWM S. 13, Z. 2

[83] vgl. HWM S. 13, Z. 3ff

[84] vgl. HWM S. 13, Z. 8ff

Um diese Gefahren für den Menschen zu bannen, die „Not der Seinsvergessenheit"[85], sei der erste Schritt, durch die Überwindung der Metaphysik „erst einmal auf die Seinsvergessenheit achten zu lernen"[86]: Man müsse diese Seinsvergessenheit „erfahren und diese Erfahrung in den Bezug des Seins zum Menschen"[87] aufnehmen und darin verwahren. Die Frage nach der Metaphysik sei „vielleicht das Notwendigste alles Notwendigen für das Denken"[88].

Aber wie kann man dieses Notwendige für das Denken erreichen? Es müsse „zu seiner Zeit [...] denkender"[89] werden. Das Denken soll denkender werden? Dies wird ermöglicht, so Heidegger, wenn das Denken „in eine andere Herkunft gewiesen"[90] sei. Das Denken müsse „vom Sein selbst"[91] ereignet werden, und dem Sein „hörig"[92] sein, nicht mehr vom Seienden ausgehen: Hier vollzieht Heidegger also erneut den bereits zuvor beschrieben „Übersprung", er will nicht mehr aus dem Seienden heraus denken, sondern an den Grund des Baumes gehen, weg von der Wurzel, weg von dem Baum. Je „den-

---

[85] HWM S. 13, Z. 28f

[86] HWM S. 13, Z. 25

[87] HWM S. 13, Z. 26f

[88] HWM S. 13, Z. 29f

[89] HWM S. 13, Z. 31

[90] HWM S. 13, Z. 33f

[91] HWM S. 14, Z. 1

[92] HWM S. 14, Z. 2

kender das Denken"[93] würde, d.h. „je entsprechender es sich aus dem Bezug des Seins zu ihm"[94] vollziehe, desto reiner stehe „das Denken von selbst [...] in dem einen ihm allein gemäßen Handeln: im Denken des ihm Zu-gedachten und deshalb schon Gedachten"[95]. Sicherlich, so darf man anmerken, ein ungeheures Unterfangen Heideggers, eine ungeheure Forderung auch, aber es scheint irgendwie auch nebulös. Denn er fährt weiter:

Das Denken müsse „unterwegs"[96] sein in der Art, dass dem Denken ein Pfad eröffnet würde, „damit es das Sein selbst in seiner Wahrheit eigens bedenke[n]"[97] könne: Auf diesem Weg würde eine „Besinnung auf das Wesen des Menschen nötig"[98], denn „gemäß der Unverborgenheit des Seins gehör[t]e der Bezug des Seins zum Menschenwesen [...] zum Sein selbst"[99].

Fazit: Je weniger Einflussfaktoren des Seienden bestehen, desto besser für das Denken.

---

[93] HWM S. 14, Z. 7

[94] HWM S. 14, Z. 7f

[95] HWM S. 14, Z. 7ff

[96] HWM S. 14, Z. 17

[97] HWM S. 14, Z. 15f

[98] HWM S. 14, Z. 19

[99] HWM S. 14, Z. 21ff

c) Dasein des Menschen und Existenz

Heidegger ist der Meinung, dass für den Wesensbereich, „in dem der Mensch als Mensch"[100] stehe, der Name „Dasein" gewählt worden sei, um zum einen „den Bezug des Seins zum Wesen des Menschen [und zum anderen] [...] das Wesensverhältnis des Menschen zur Offenheit [...] des Seins als solchen zugleich und in *einem* Wort zu treffen"[101]. Also: Mensch und sein Wesensbereich samt Disposition zum Sein ergibt den Begriff des Daseins.

Dasein tritt in diesem Zusammenhang aber nicht an die Stelle von „Bewusstsein"[102], sondern Dasein meint die „Stelle, [die als] [...] die Ortschaft der Wahrheit des Seins erfahren [würde] und dann entsprechend gedacht werden"[103] solle. Wie zuvor erwähnt: Die „Wahrheit des Seins" bedeutet bei Heidegger „das Ereignis der Lichtung", das „alles gelichtete Seiende" trägt. Nur in diesem „alles gelichteten Seienden" ist Erkenntnis im Dasein möglich und diese dann für das Dasein „Unverborgenheit" ist die Wahrheit des Seienden.

---

[100] HWM S. 14, Z. 32
[101] HWM S. 14, Z. 28ff
[102] vgl. HWM S. 15, Z. 4ff
[103] HWM S. 15, Z. 16f

Und worin liegt denn nun das Wesen des Daseins? Heidegger meint, es liege in seiner Existenz[104], wobei bei dem Philosophen der Name „Existenz" „ausschließlich als Bezeichnung des Seins des Menschen gebraucht"[105] ist. Von einer *richtig gedachten Existenz gedacht* könne man das Wesen des Daseins „denken, in dessen Offenheit das Sein selbst"[106] sich bekunden und verbergen, sich gewähren und entziehen würde – und zwar „ohne dass sich diese Wahrheit des Seins im Dasein"[107] erschöpfte oder sich mit diesem „eins setzen"[108] ließe.

Und was bedeutet Existenz nach Heidegger?

Das Wort nenne eine Weise des Seins, und zwar „das Sein desjenigen Seienden, das offen [stünde] [...] für die Offenheit des Seins, in der es"[109] stünde, und zwar, indem es sie ausstehen würde[110]. Dieses Ausstehen würde als Sorge erfahren werden[111]. Heidegger meint damit, dass der Mensch quasi im Seinsmodus der Eigentlichkeit stehen könne und sich dann selbst verwirkliche, oder im Seinsmodus des Uneigentlichkeit, wenn er sich bestimmen ließe. Die „Sorge" ist

---

[104] vgl. HWM S. 15, Z. 18ff

[105] HWM S. 15, Z. 28f

[106] HWM S. 15, Z. 30f

[107] HWM S. 15f, Z. 32ff

[108] HWM S. 16, Z. 1

[109] HWM S. 16, Z. 5f

[110] vgl. HWM S. 16, Z. 6f

[111] HWM vgl.16, Z. 7

dabei die Grundstruktur des Daseins (des Seins des Daseins), die eine Einheit darstellt von Existenzialität, Faktizität und Verfallenheit. Die genauere Beschreibung dieser Einheit würde an dieser Stelle aber zu weit führen. Bleiben wir erst einmal bei dem Begriff „Sorge" als von Heidegger eingebrachtem Begriff und als Vorstellung der Grundstruktur des Daseins. Später spricht Heidegger auch von der Ek-sistenz des Menschen als das Stehen des Menschen in der Lichtung des Seins: Das Sein stiftet quasi dessen Verhältnis zum Dasein, das Sein versammelt das Dasein als eine Stätte der Lichtung, das Sein selbst ist die Lichtung, das dem Dasein darin gelichtete ist das Seiende. Dies aber nur als Bemerkung, wie Heidegger nach seiner Kehre den Begriff der Ek-sistenz einbringt, mit der Einleitung und den Nachwort ist der Text „Was ist Metaphysik" ja zeitlich durchdrungen von mehreren Lebensphasen des Philosophen.

d) Der Mensch

Der Mensch sei „[d]as Seiende, das in der Weise der Existenz"[112] sei. Der Mensch alleine existiere, im Gegensatz zu beispielsweise einem Felsen, der nicht existiere, und eben nur „sei". Ebenso wie ein Baum,

---

[112] HWM S. 16, Z. 29

der zwar sei, aber nicht existiere. Ebenso Pferde oder Engel oder Gott[113].

Dies würde aber nicht implizieren, dass damit gemeint wäre, dass nur der Mensch ein wirklich Seiendes sei und der Rest, alles übrige, wäre „unwirklich und nur ein Schein oder die Vorstellung des Menschen"[114]. Wenn Heidegger meint, dass der Mensch existiere, bedeutete dies, dass der Mensch „dasjenige Seiende [sei], dessen Sein durch das offenstehende Innestehen in der Unverborgenheit des Seins, vom Sein her, im Sein ausgezeichnet"[115] sei. Er ist quasi in seine Welt hineingeworfen, wobei seine Welt den Rahmen seiner Möglichkeiten vorgibt.

Der Grund dafür, dass der Mensch ist der Lage sei, Seiendes als solches vorzustellen und davon ein Bewusstsein haben zu können, liege darin, dass er ein „existenziales Wesen"[116] sei. Jeder Weg von der Metaphysik zum ekstatisch-existenzialen Wesen des Menschen müsse „durch die metaphysische Bestimmung des Selbstseins des Menschen hindurchführen"[117].

---

[113] vgl. HWM S. 16f, Z. 30ff
[114] HWM S. 17, Z. 3f
[115] HWM S. 17, Z. 5ff
[116] HWM S. 17, Z. 7
[117] HWM S. 17, Z. 27ff

2.2 Was ist Metaphysik?

Kurz rekapituliert: In der Vorlesung über die Frage, was die Metaphysik sei, vermeidet es Heidegger also, *über* die Metaphysik zu reden[118]. Man erfährt eigentlich nichts darüber in der Art und Weise, wie man seit Jahrhunderten etwas über Metaphysik erfahren hat. Demgegenüber versucht er, „eine bestimmte metaphysische Frage"[119] zu erörtern, mit deren Hilfe er *scheinbar* „unmittelbar in die Metaphysik"[120] hineinversetzt würde. Erreicht werden solle eine Selbstpräsentation der Metaphysik. Er will demgegenüber aber damit auch die althergebrachte Metaphysik hinter sich lassen.

Er beginnt mit der Entfaltung der Frage, die ihren Kern in dem Terminus „Wie steht es um das Nichts"[121] sieht, folgt dann mit ihrer Ausarbeitung dieser Frage, um den Menschen in die Lage zu bringen, „aus der die Beantwortung möglich oder aber die Unmöglichkeit der Antwort einsichtig"[122] würde, und Heidegger endet mit einer Beantwortung.

---

[118] vgl. HWM S. 26, Z. 2f

[119] HWM S. 26, Z. 4

[120] HWM S. 26, Z. 5f

[121] HWM S. 29, Z. 24

[122] HWM S. 29, Z. 27f

2.2.1 Die Entfaltung eines metaphysischen Fragens

a) Doppelte Charakteristik

Heidegger betont die „doppelte[n] Charakteristik des metaphysischen Fragens"[123]. Worin liegt diese doppelte Charakteristik?

- Zum einen in der Tatsache, dass „jede metaphysische Frage immer das Ganze der Problematik der Metaphysik"[124] umfasse.
- Zum anderen darin, dass der metaphysisch Fragende nur dann metaphysisch fragen könne, wenn er „in der Frage mit da, d.h. in die Frage gestellt"[125] sei.

Aus dieser doppelten, durchaus kompliziert klingenden Eigenschaft des metaphysischen Fragens erwächst nach Heidegger eine Anweisung, dass „das metaphysische Fragen [...] im Ganzen und aus der wesentlichen Lage des fragenden Daseins [Menschen] gestellt wer-

---

[123] HWM S. 26, Z. 15f

[124] HWM S. 26, Z. 17f

[125] HWM S. 26, Z. 20f

den"[126] müsse. Dies bedeute, dass der metaphysisch Fragende im „hier und jetzt" fragen würde, und „für uns"[127].

b) Wissenschaft und Dreifachheit

Wenn man aber das metaphysische Fragen aus der wesentlichen Lage des fragenden Daseins stellen würde, so müsse man überlegen, dass das Dasein „durch die Wissenschaft bestimmt"[128] sei, „die augenblickliche Existenz [...] eine durch die Wissenschaft bestimmte"[129] sei – weshalb Heidegger interessiert, was denn „Wesentliches mit uns [der Gemeinschaft der Forscher, Lehrer, Studierenden] im Grunde des Daseins"[130] geschehe, „sofern die Wissenschaft unsere Leidenschaft geworden"[131] sei. Hier zielt er also auf seine grundsätzliche Kritik an der bisherigen Metaphysik und die Art, wie Metaphysik betrieben wurde, ab – was beispielsweise in seinem Buch „Nietzsche" so weit geht, dass er von Platon beginnend über Descartes und Nietzsche alles bisher betriebene metaphysische Denken als eine Geschichte des Nihilismus bewertet.

---

[126] HWM S. 26, Z. 22f

[127] beide HWM S. 26, Z. 24

[128] HWM S. 26, Z. 25f

[129] HWM S. 29, Z. 20f

[130] HWM S. 26, Z. 26f

[131] HWM S. 26, Z. 27f

Er durchleuchtet das wissenschaftliche Da-Sein, welches der Mensch in Besitz nehmen würde[132], und erkennt eine Dreifachheit – Weltbezug, Haltung, Einbruch – als wesentliche Merkmale dieses wissenschaftlichen Da-Seins:

Weltbezug

Grundsätzlich sieht Heidegger ein Absterben der „Verwurzelung der Wissenschaften in ihrem Wesensgrund"[133]: Hier taucht also erneut das Bild des Baumes mit der Wurzel und dem Grund auf. Aber trotz dieser Entwurzelung gebe es „ein In-die-Nähe-kommen zum Wesentlichen aller Dinge"[134], da wir uns als Forscher, Lehrende und Studierende in den Wissenschaften „zum Seienden selbst"[135] verhielten, „ihrem eigensten Absehen folgend"[136]. Diese Haltung des Menschen in der Wissenschaft bezeichnet Heidegger als einen „ausge-

---

[132] vgl. HWM S. 28, Z. 12ff

[133] HWM S. 27, Z. 26ff

[134] HWM S. 27, Z. 23f

[135] HWM S. 27, Z. 10

[136] HWM S. 27, Z. 9

zeichnete[n] Weltbezug zum Seienden"[137], die getragen sei „von einer frei gewählten Haltung der menschlichen Existenz"[138].

Haltung

Gegenüber den Nicht-Wissenschaften verhielten sich die Wissenschaften dahingehend „ausgezeichnet", da sie „in einer ihr eigenen Weise ausdrücklich und einzig der Sache selbst das erste und letzte Wort"[139] gebe, also eine Sachlichkeit an den Tag lege, die sich auf das Fragen, Bestimmen und Begründen erstrecke[140].

Wie aber sieht dieser „besondere Weltbezug der Wissenschaft"[141] und die dazugehörige Haltung des Menschen in ihrer Ausübung aus?

Einbruch

Heidegger ist der Ansicht, dass der Mensch als Seiendes unter Seiendem Wissenschaft „treibe"[142].

---

[137] HWM S. 27, Z. 25

[138] HWM S. 27, Z. 26f

[139] HWM S. 27, Z. 30f

[140] vgl. HWM S. 27, 31ff

[141] HWM S. 28, Z. 2f

[142] HWM S. 28, Z. 6

In diesem Treiben geschehe „der Einbruch eines Seienden [...] in das Ganze des Seienden"[143]. Der Mensch breche also in das andere Seiende hinein mit der Konsequenz, dass dadurch „das Seiende in dem, was und wie es ist"[144], aufbreche. Dadurch finde das Seiende zuallererst „zu ihm selbst"[145].

c) Folgerungen

Aus dieser Dreifachheit des wissenschaftlichen Da-seins und der Inbesitznahme durch den Menschen folgert Heidegger, dass...

> ...es das Seiende selbst sei, worauf der Weltbezug gehe[146].
> ...alle Haltung ihre Führung aus dem Seienden nehme[147].
> ...die forschende Auseinandersetzung im Einbruch durch das Seiende selbst geschehe[148].

---

[143] HWM S. 28, Z. 7f

[144] HWM S. 28, Z. 9f

[145] HWM S. 28, Z. 11

[146] vgl. HWM S. 28, Z. 17f

[147] vgl. HWM S. 28, Z. 19f

[148] vgl. HWM S. 28, Z. 21f

d) Das Nichts

Diese drei Folgerungen aus der Dreifachheit versieht Heidegger jeweils mit dem Zusatz „sonst nichts"[149] bzw. „und darüber hinaus nichts"[150].

Mit dem Nichts meint er ein Anderes, denn der Mensch erforsche in der Wissenschaft nur das Seiende, „und sonst – nichts"[151] bzw. „das Seiende allein und weiter – nichts [...] [bzw.] das Seiende einzig und darüber hinaus – nichts"[152].

Heidegger meint, dass das Nichts zwar „gerade von der Wissenschaft abgelehnt und preisgegeben [würde] als das Nichtige"[153], die Wissenschaften eigentlich „vom Nichts nichts wissen"[154] wollten, betont aber gleichzeitig, dass dieses Nichts durch diese Preisgabe *zugegeben*[155] würde. Von der Argumentation ähneln solche Systematiken an Gläubige und Atheisten, es wirkt aber fragwürdig, denn: Entsteht alleine aus der Tatsache heraus, dass das Vorhandensein von einem

---

[149] vgl. HWM S. 28, Z. 17f

[150] vgl. HWM S. 28, Z. 22

[151] HWM S. 28, Z. 24

[152] HWM S. 28, Z. 24f

[153] HWM S. 29, Z. 2f

[154] HWM S. 29, Z. 12

[155] HWM vgl. S. 29, Z. 3f und S. 29, Z. 12ff

„Etwas" negiert wird (ein Etwas, das man als „Nichts" bezeichnen könnte), dieses „Etwas" bereits durch dessen bloße Negation?

e) Die Frage nach dem Nichts

Charakteristisch sei aber, so Heidegger weiter, dass die Wissenschaft gerade da, „wo sie ihr eigenes Wesen auszusprechen [...] [versuche,] das Nichts zu Hilfe"[156] rufe. Dies kulminiert in der Frage, wie es denn eigentlich um das Nichts stehe[157].

2.2.2 Die Ausarbeitung der Frage

a) Unmöglichkeit der Beantwortung

Heidegger meint, dass die Frage, wie es um das Nichts stehe, selbst ihres eigenen Gegenstandes beraubt[158] würde, da das Nichts bereits durch die Art der Frage als etwas bezeichnet wäre, was *sei*[159] und somit „das Befragte in sein Gegenteil"[160] verkehrt würde.

---

[156] HWM S. 29, Z. 16f

[157] vgl. HWM S. 29, Z. 24

[158] vgl. HWM S. 30, Z. 10f

[159] vgl. HWM S. 30, Z. 3ff

[160] HWM S. 30, Z. 9

Eine Beantwortung wäre somit nicht möglich[161]. Gerade die Logik, „der Satz vom zu vermeidenden Widerspruch"[162], schlage die Frage nieder[163].

Soweit Heidegger. Wobei man sich schon fragt, weshalb er ein Nichts da konstatiert, wo andere gar nichts erkennen. Und dann dieses erzeugte Nichts als Gegenstand herannimmt samt nachfolgender Frage, wie es um das Nichts eigentlich stehe. Und dann einfach antwortet, dass die Frage gar nicht beantwortbar ist. Dies wirkt doch sehr konstruiert und frustriert gleichzeitig dann, wenn man sich schon auf dieses „Nichts" einlässt, dann aber doch enttäuscht wird. Oder etwa doch nicht? Denn Heidegger wird nachfolgend recht originell. Denn:

b) Folgen der Unmöglichkeit der Beantwortung

Die Folge, die sich aus dieser Unmöglichkeit ergebe, sei, dass das Nichts nicht zum Gegenstand einer Frage werden könnte, wenn man die Logik als Grundlage eines Diskurses nehme[164].

---

[161] vgl. HWM S. 30, Z. 11ff

[162] HWM S. 30, Z. 18

[163] vgl. HWM S. 30, Z. 17ff

[164] vgl. HWM S. 30, Z. 11ff

c) Charakteristik des Nichts

Um nun aus diesem Dilemma zu entfliehen, dass man das Nichts *dann doch* auch als Gegenstand einer Betrachtung heranziehen kann, stellt sich der Philosoph die Frage nach den charakteristischen Merkmalen des Nichts – und betrachtet somit das Nichts *dann doch* genauer: Das Nichts sei „die Verneinung der Allheit des Seienden, das Schlechthin Nicht-Seiende"[165] .

Dadurch werde das Nichts unter eine höhere Bestimmung des Nichthaften gebracht und, wie Heidegger meint, unter eine höhere Bestimmung des Verneinten[166]. Da aber Verneinung durch die Herrschaft der Logik „eine spezifische Verstandeshandlung"[167] sei, könne man in der Behandlung der Frage, wie es um das Nichts stehe, den Verstand nicht ausschalten.

d) Nicht und Nichts

Er fragt, ob eigentlich das Nicht eine höhere Bestimmung des Nichts darstelle, „unter die das Nichts als eine besondere Art des

---

[165] HWM S. 30f, Z. 32ff

[166] vgl. HWM S. 31, Z. 3ff

[167] HWM S. 31, Z. 5

Verneinten"[168] falle. Gebe es das Nichts nur aufgrund des Nicht, also aufgrund der Verneinung[169]?

e) Ursprünglichkeit des Nichts

Heidegger stellt die These auf, dass das Nichts „ursprünglicher [...] [sei] als das Nicht und die Verneinung"[170], mit der Folge, dass

- „die Möglichkeit der Verneinung als Verstandeshandlung"[171] und

- der „Verstand selbst"[172]

vom Nichts abhingen, „in irgend einer Weise"[173]. Wenn aber beispielsweise der Verstand vom Nichts abhänge, wie könne er dann über das Nichts entscheiden[174]? Er stellt die Vermutung auf, dass die Frage und Antwort nach dem Nichts möglicherweise auf einer „blinden Eigensinnigkeit des schweifenden Verstandes"[175] beruhe. Somit

---

[168] HWM S. 31, Z. 10 und S. 32, Z. 12ff

[169] vgl. HWM 31, Z. 12f

[170] HWM S. 31, Z. 15f

[171] HWM S. 31, Z. 17f

[172] HWM S. 31, Z. 17f

[173] HWM S. 31, Z. 18

[174] vgl. HWM S. 31, Z. 18ff

[175] HWM S. 31, Z. 21f

stelle eine „formale Unmöglichkeit der Frage nach dem Nichts"[176] auch deren Beantwortung in Frage.

Grundsätzlich ist diese Denkübung sicherlich nicht uninteressant, dreht sich aber im Kreis und führt auch zu keiner weiteren Erkenntnis. Handelt es sich lediglich um logische Sprachspiele? Oder handelt es sich bei diesen Überlegungen gemäß Heideggers Anspruch um eine Art Übung für oder gar bereits um ein Denken an das Sein?

f) Die Suche nach dem Nichts

Heidegger weiter: Würde man diese formale Unmöglichkeit der Frage nach dem Nichts außer Acht lassen, so müsste man sich die Frage stellen, wo man das Nichts suchen müsse und wie man das Nichts finden könne - denn wenn man das Nichts befragen wolle, was es sei, was es ist usw., dann müsse „es zuvor gegeben sein"[177].

Eine Prämisse bei der Suche nach dem Nichts und der Art, wie man das Nichts findet, wäre die Feststellung, dass das Nichts überhaupt vorhanden sei[178]. Der Mensch, so Heidegger, gehe bei der Suche nach einem Gegenstand stillschweigend immer von dessen Existenz

---

[176] HWM S. 31, Z. 24

[177] HWM S. 31, Z. 29f

[178] vgl. HWM S. 32, Z. 2ff

aus, nehme diese also vorweg[179]. Da im vorliegenden Fall aber das Nichts gesucht würde, könnte man sich die Frage danach stellen, ob es „ein Suchen ohne jede Vorwegnahme [gebe], ein Suchen, dem ein reines Finden"[180] gehöre.

Seine Ansicht zum Nichts – als vollständige Verneinung der Allheit des Seienden –, beinhaltet die Tatsache, dass „[d]ie Allheit des Seienden [...] zuvor gegeben sein"[181] müsse, damit sie „als solche schlechthin der Verneinung verfallen [...] [könne,], in der sich dann das Nichts selbst zu bekunden"[182] haben würde. Diese Allheit aber könne der Mensch als zeitlich gebundenes, also endliches Wesen[183] nur als eine Art Idee denken[184], was zur Folge hätte, dass der Mensch „zwar den formalen Begriff des eingebildeten Nichts [gewinnen wür-de], aber nie das Nichts selbst"[185]. Heidegger hält den Unterschied zwischen solchem eingebildeten und dem als eigentlich zu bezeichnenden Nichts für fragwürdig, wenn man davon ausginge, dass das Nichts „die völlige Unterschiedslosigkeit"[186] darstelle und das eigent-

---

[179] vgl. HWM S. 32, Z. 1ff

[180] HWM S. 32, Z. 4f

[181] HWM S. 32, Z. 16

[182] HWM S. 32, Z. 16ff

[183] vgl. HWM S. 32, Z. 21

[184] vgl. HWM S. 32, Z. 23ff

[185] HWM S. 32, Z. 15ff

[186] HWM S. 32, Z. 29f

liche Nichts letztlich vielleicht doch nichts anderes ist als ein „seiendes Nichts"[187]. Reichlich kompliziert. Aber Heidegger gibt nicht auf:

g) Das Ganze des Seienden

Um einen neuen Zugang zu der Frage um das Nichts zu erhalten, beschäftigt sich Heidegger mit dem „im Ganzen enthüllten Seienden"[188], in das er den Menschen gestellt sieht. Er sieht einen Unterschied zwischen *Sich-befinden-in einem Ganzen des Seienden* und dem *Erfassen des Ganzen des Seienden*[189]. Das Erfassen des Ganzen des Seienden, so meint Heidegger, sei unmöglich, das Sich-befinden-in einem Ganzen des Seienden passiere jeden Moment[190]. Für dieses Sich-befinden-in skizziert Heidegger einige Beispiele zur Verdeutlichung, wie „die Freude an der Gegenwart des Daseins [...] einer geliebten Person"[191].

Seine Ausführungen führen zu der Frage, ob es dem Menschen möglich sei, während des Sich-befindens-in dem Ganzen des Seien-

---

[187] HWM S. 32, Z. 32
[188] HWM S. 33, Z. 2f
[189] vgl. HWM S. 33, Z. 3ff
[190] vgl. HWM S. 33, Z. 5ff
[191] HWM S. 33, Z. 23ff

den zu einer Art Gestimmtheit gelangen zu können, „in dem er vor das Nichts selbst gebracht"[192] werden könne.

Heidegger meint, dass dies möglich sei, und zwar „für Augenblicke in der Grundstimmung der Angst"[193].

h) Die Angst als Lösung bei der Offenbarung des Nichts

Wie aber sieht diese Angst aus? Der Philosoph betont, dass er nicht die Angst meint im Sinne einer Ängstlichkeit, die eigentlich eine Art Furchtsamkeit darstelle[194]. Die von ihm *gemeinte* Angst durchziehe „eine eigentümliche Ruhe"[195], die nicht zielgerichtet sei, also keine Angst „vor diesem oder jenem"[196] meine. Die Angst, die er meine, sei keine Angst *vor*, sondern eine Angst *um* etwas[197]. Aber auch diese Angst *um* etwas sei nicht zielgerichtet, beinhalte eine „Unbestimmtheit"[198], der eine „wesenhafte Unmöglichkeit der Bestimmtheit"[199]

---

[192] HWM S. 34, Z. 8f

[193] HWM S. 34, Z. 11f

[194] vgl. HWM S. 34, Z. 12ff

[195] HWM 34, Z. 25

[196] HWM S. 34, Z. 26

[197] vgl. HWM S. 34, Z. 27f

[198] HWM S. 34, Z. 27

[199] HWM S. 34, Z. 29

zugrunde liege. Merkmal sei „eine Gleichgültigkeit"[200], ein „Wegrücken des Seienden im Ganzen"[201]. Dieses Wegrücken aber bedränge den Menschen. Mit dem Ausdruck, dass Folge sei, dass „es'[202], also das Seiende, keinen Halt mehr darstelle, stellt Heidegger fest, dass das Seiende nur bleibe und über den Menschen komme, „im Entgleiten des Seienden"[203]. Die Angst, so Heidegger, offenbare das Nichts[204]. In der Angst, so könnte man nach Heidegger sagen, wird das Dasein auf sich selbst zurückgeworfen.

Die Angst ließe den Menschen schweben, „weil sie das Seiende im Ganzen zum Entgleiten"[205] bringe. Dies würde beinhalten, dass der Mensch als Seiendes im Seienden „inmitten des Seienden [...] [sich] entgleiten"[206] würde.

Was bliebe, sei „das reine Da-sein in der Durchschütterung dieses Schwebens, darin es sich an nichts halten"[207] könne.

---

[200] HWM S. 34, Z. 34

[201] HWM S. 35, Z. 2f

[202] HWM S. 35, Z. 4

[203] HWM S. 35, Z. 5

[204] vgl. HWM S. 35, Z. 6

[205] HWM S. 35, Z. 8

[206] HWM S. 35, Z. 10

[207] HWM S. 35, Z. 12f

Gerade die leere Stille werde durch die „Unheimlichkeit der Angst"[208] durch wahlloses Reden zu brechen versucht, was für Heidegger „nur der Beweis für die Gegenwart des Nichts"[209] sei.

Mit der Grundstimmung der Angst hätte der Mensch „das Geschehen des Daseins erreicht, in dem das Nichts offenbar [...] [sei] und aus dem heraus es befragt werden"[210] müsse.

Eine zugegebenermaßen so wortgewaltige Konstruktion, dass man sich fragt, ob es sich teilweise nicht um Worthülsen und Wortspielereien handelt, denn die einzelnen Begriffe werden zur Diskussion gestellt, dann verworfen, dann hinterfragt und ohne jeglichen (auch logischen) Beweis konstatiert nach dem Motto „So ist es und das ist die Folge". Wenn das nicht die von Heidegger kritisierte Methode der Metaphysik ist, die das Sein des Seienden befragt, lediglich mit anderen stilistischen Mitteln?! Oder ist es doch anders? Er meint vermutlich folgendes, zusammengefasst: Der Mensch kann von einem Jenseits des Seienden über einen Umweg her in der Lage sein, das Seiende im Ganzen zu erfassen. Dieses Hinausgehen ins Jenseitige des Seienden bedeutet ein Gang ins Nichts. Diesen Gang kann der Mensch aber nicht selbst herbeiführen, dieser geschieht in Angst.

---

[208] HWM S. 35, Z. 16f

[209] HWM S. 35, Z. 18f

[210] HWM S. 35, Z. 25ff

Wenn man schon über das Seiende hinausgehen will, was die Metaphysik ja anstrebt, dann kommt man zu einem – Nichts.

2.2.3 Die Beantwortung der Frage

Wie also, so fragt Heidegger, nachdem er die Frage, wie es um das Nichts denn stehen würde, herausgearbeitet hat, stehe es denn nun um ebendieses Nichts?

a) Wichtige Prämissen

Wichtig sei zuvörderst, überhaupt die Frage nach diesem Nichts aufrechtzuerhalten: Nachzuvollziehen sei „die Verwandlung des Menschen in sein Da-sein"[211], die jede Angst mit ihm geschehen ließe, wodurch ja, wie er meint, das Nichts offenkundig würde. Wichtig sei auch, dass man nur das in dem Da-sein des Menschen durch die Angst offenkundig gewordene Nichts beachte, „wie es sich bekunde"[212]. Irgendwelche Kennzeichnungen des Nichts, die nicht darin zum Vorschein kämen oder verborgen blieben oder nicht

---

[211] HWM S. 36, Z. 5
[212] HWM S. 36, Z. 7f

kenntlich würden, spielten keine Rolle[213]. Es sollte also nicht weiter verstandesgemäß konstruiert werden.

b) Das Nichts als Nicht-Seiendes

Heidegger betont nochmals, dass das in der Angst enthüllte Nichts *nicht als Seiendes* enthüllt würde[214], auch nicht als ein wie auch immer gearteter Gegenstand. Auch wenn die Angst „kein Erfassen des Nichts"[215] darstelle, werde „das Nichts durch sie [die Angst] und in ihr offenbar"[216]. Aber auch nicht in der Art, dass das Nichts „abgelöst ´neben´ dem Seienden im Ganzen [stehe], das in der Unheimlichkeit"[217] angesiedelt sei.

Vielmehr müsse man folgenden Terminus gebrauchen: Das Nichts begegne in der Angst *in eins* mit dem Seienden im Ganzen[218].

Was meint er mit dem Ausdruck „in eins"?

---

[213] vgl. HWM S. 36, Z. 8ff

[214] vgl. HWM S. 36, Z. 11f

[215] HWM S. 36, Z. 13

[216] HWM S. 36, Z. 13f

[217] HWM S. 36, Z. 15f

[218] vgl. HWM S. 36, Z. 16f

In der Angst geschehe „keine Vernichtung des ganzen Seienden an sich"[219], demgegenüber aber auch keine „Verneinung des Seienden im Ganzen"[220], damit das Nichts gewonnen werden könne. Mit einer Verneinung, die das Nichts ergeben solle, käme der Mensch zu spät, auch wenn der Angst der „Vollzug einer verneinenden Aussage [sowieso] fremd"[221] sei, denn: Das Nichts begegne *vordem* schon[222], da das Nichts *in eins mit* dem entgleitenden Seienden im Ganzen begegne[223].

c) Das Wesen des Nicht-Nichtung

Das Wesen des Nicht ist die Nichtung[224]. Da es in der Angst ein zurückweichen – das kein Fliegen sei, nur eine gebannte Ruhe, wie zuvor beschrieben[225] – gebe, könne man sagen, dass dieses „Zurück vor– etwas" ihren „Ausgang vom Nichts"[226] finde. Da das Nichts nicht *auf sich* weise, sondern wesenhaft *von sich*, folgert Heidegger,

---

[219] HWM S. 36, Z. 26f

[220] HWM S. 36, Z. 27

[221] HWM S. 36f, Z. 30ff

[222] vgl. HWM S. 37, Z. 2f

[223] vgl. HWM S. 37, Z. 2ff

[224] vgl. HWM S. 37, Z. 13f

[225] vgl. HWM S. 37, Z. 6

[226] HWM S. 37, Z. 7

dass „[d]iese im Ganzen abweisende Verweisung auf das entgleitende Seiende im Ganzen, als welche das Nichts in der Angst das Dasein umdrängt, [...] das Wesen des Nichts"[227] sei: eben die Nichtung.

Was sind aber die Eigenschaften dieser Nichtung?

Sie ist kein beliebiges Vorkommnis: Das Seiende werde als das schlechthin Andere offenbart durch das abweisende Verweisen auf das entgleitende Seiende im Ganzen [das Nichten], dieses Seiende als das schlechthin Andere sei zuvor in seiner vollen, zuvor verborgenen Befremdlichkeit verborgen geblieben[228].

Auch werde offenbart, dass das Seiende nicht das Nichts sei, wodurch gesagt werden könne, dass das ursprünglich nichtende Nichts als Wesen den Zug trage, dass es das „Da-sein allererst vor das Seiende als ein solches"[229] bringe.

Das Da-sein verhält sich nach Heidegger hineinhaltend in das Nichts[230], d.h. das Dasein verhält sich zu Seiendem [das es ist und nicht ist] seinem Wesen nach und „kommt [...] als solches Dasein je schon aus dem offenbaren Nichts her"[231]: Nur, indem sich das Da-

---

[227] HWM S. 37, Z. 10ff

[228] vgl. HWM S. 37, Z. 17ff

[229] HWM S. 37, Z. 28f

[230] vgl. HWM S. 38, Z. 6ff

[231] HWM S. 38, Z. 2f

sein ins Nichts hineinhalten würde, könne es sich überhaupt zu Seiendem verhalten[232]. Dieses Hinaussein über das Seiende, meint Heidegger, nenne man „die Transzendenz"[233].

Nun verkürzt Heidegger die gewonnenen Erkenntnisse über das Nichts in der These, dass „[o]hne ursprüngliche Offenbarkeit des Nichts kein Selbstsein und keine Freiheit"[234] vorhanden wäre.

d) Was ist das Nichts?

Damit würde die Antwort auf die Frage nach dem Nichts gewonnen:

- Denn das Nichts sei „weder ein Gegenstand noch überhaupt ein Seiendes"[235].
- Auch komme das Nichts „weder für sich vor noch neben dem Seienden, dem es sich"[236] aber anhänge.
- Das Nichts sei „die Ermöglichung der Offenbarkeit des Seienden als eines solchen für das menschliche Dasein"[237] [die Hineingehaltenheit in das Nichts].

---

[232] vgl. HWM S. 38, Z. 7ff

[233] HWM S. 38, Z. 7f

[234] HWM S. 38, Z. 11f

[235] HWM S. 38, Z. 14f

[236] HWM S. 38, Z. 16

- Das Nichts ist also nicht der Gegenbegriff zum Seienden, sondern es gehöre „ursprünglich dem Wesen selbst"[238].

Das Ergebnis aus diesen Überlegungen sei, dass „[i]m Sein des Seienden [...] das Nichten des Nichts"[239] geschehe.

e) Einwände bzw. Bedenken

Heidegger selbst versucht gleich im Anschluss an seinem Vortrag, gegen mögliche Einwände seiner Kritiker inhaltlich vorzugehen bzw. die durch den Vortrag entstandenen Einwände aufzugreifen – diese Einwände sollen hier kurz angedeutet werden (er hat diese Einwände in seinem 1943 angefügten Nachwort aufgegriffen):

Er fragt selbst, wie es sich denn mit der Angst verhielte: Wenn man davon ausginge, dass sich das Dasein „nur im Sichhineinhalten in das Nichts zu Seiendem"[240] verhalten würde, ergo existieren könne, und „wenn das Nichts ursprünglich nur in der Angst offenbar"[241] würde,

---

[237] HWM S. 38, Z. 16ff
[238] HWM S. 38, Z. 19f
[239] HWM S. 38, Z. 20f
[240] HWM S. 38, Z. 23f
[241] HWM S. 38, Z. 25f

dann müssten die Menschen doch „ständig in dieser Angst schweben, um überhaupt existieren zu können"[242].

Sei diese Angst „nicht eine willkürliche Erfindung und das ihr zugesprochene Nichts eine Übertreibung"[243], vor allem, da der Mensch doch eher selten diese ursprüngliche Angst erfahren würde? Wäre eine solche Philosophie nicht eine, die „den Willen zur Tat"[244] lähmen würde?

Darüber hinaus: Wenn man sich, wie Heidegger dies ja andeutet, gegen die Logik stelle, ergebe dies nicht eine reine „Philosophie des bloßen Gefühls"[245], die die Sicherheit des Handelns gefährdete?

Beinhalte Heideggers Vorstellung des Nichts nicht die Gefahr, jeglichen Sinn nach Leben in Frage zu stellen und jeglichen Lebenswillen einzustellen, ergebe sich also nicht eine Art nihilistische Tendenz aus den Überlegungen um das Nichts[246]?

---

[242] HWM S. 38, Z. 26f
[243] HWM S. 39, Z. 3f
[244] HWM S. 48, Z. 20f
[245] HWM S. 48, Z. 225f
[246] vgl. HWM S. 48, Z. 11ff

Demgegenüber ließe sich aber als Betrachter der Konstruktionen Heideggers sagen, dass dessen eigentliches Bild von dem Wunsch des Menschen, in der Metaphysik über das Seiende hinauszugelangen, durchaus ansprechend und auch wirklichkeitsnah wirkt: Der Mensch will mehr über das Sein erfahren, er will jenseits des Seienden hinausgehen und stößt ins Nichts. Und bei diesem Gang erfährt er Angst, und durch diese Angst wird ihm die Seiendheit im Ganzen offenbar.

Es bleibt aber doch die Frage, weshalb er gerade die Angst wählt, wie die Angst eines Kindes, das einen Gang in den Wald wagt, den es nicht zu kennen glaubt, und dem diese Angst dann den gegangenen Weg und die Umgebung, in der es sich befindet, klarer erkennen und fassen lässt? Interpretativ.

3. Schlussbemerkungen

Was denn das Nichts eigentlich sei, so schreibt Heidegger in seiner Einleitung zu dem gedruckten Vortrag „Was ist Metaphysik?", dies sei die entscheidende Frage in seiner Vorlesung, ja, diese habe das Nichts als ihr einziges Thema bedacht[247]. Durch das Hinabsinken in das Denken versucht er exemplarisch darzustellen, wie man Erkenntnis gewinnen kann und wie sich die Dinge lichten und wie sich dadurch die Wahrheit des Seins offenbaren könnte. Es ist eher ein Prozess, den er dadurch auslösen will als eine punktuelle Erkenntnis, so scheint es. Und durch diesen Prozess will er zeigen: Das, was wir machen, dieser Prozess und diese daraus ergebenden Lichtungen, das bedeutet Metaphysik betreiben. Das bedeutet das Hinausgehen in etwas, das jenseits des Seienden und der eigenen Erkenntnis liegt, das darüber hinausgeht. Und das bedeutet dadurch die Begegnung mit dem Nichts in Angst, die einen gewahr werden lässt, was das ihn Umgebende bzw. Umhüllende, das Seiende, eigentlich ist. Die Begegnung, die dem Dasein die Sinne schärft, die die ontologische Differenz von Sein und Seiendem bewusster werden lässt.

Die sich daraus ergebenden Konsequenzen – die Grundstimmung der Angst, der möglicherweise fehlende Willen, eine sinnvolle Hal-

---

[247] vgl. HWM S. 24, Z. 5ff

tung der Tapferkeit einzunehmen aufgrund der Unentrinnbarkeit aus dieser Angst, die Bewusstwerdung der eigenen Situation, des eigenen Daseins, die Erkenntnis, dass das Sein doch etwas anderes darstellt als das Seiende usw. – deuten an, welche Gefahren und Chancen in einer Metaphysik liegen können, die als wichtigsten Betrachtungsgegenstand das Nichts hat. Auch wenn Heidegger eine Bereitschaft des Menschen zur Angst einfordert, dem ein Wunder *für* den Menschen folgen würde, das besagt, *dass Seiendes sei*[248], erscheint fraglich, inwieweit gerade Begriffe wie Angst und – in einem anderen Zusammenhang – die Sorge herangenommen werden müssen, um das zu erklären, wonach es jeden Menschen treibt: Der Frage auf die Spur zu kommen, wer wir sind, in was wir sind, was uns umgibt und weshalb, was über den Menschen hinausgeht und wieso er existiert.

Eine denkende Metaphysik, die Heideggers Forderung nach einem metaphysischen Fragen nachkommt und die Logik und Vernunft, also die Einbettung in bereits Seiendem außer Acht lässt, hinterlässt viele Spuren im Wirkungspotential der Realität, wie sie von und durch den Menschen gestaltet wird. Darüber hinaus hat Heidegger immer wieder darauf hingewiesen, dass der Mensch vergessen hat, an das Sein zu denken. Einfach, weil das Dasein einer inneren Struktur zu folgen scheint, die das Seiende oftmals als das Sein erscheinen lässt und das Bewusstsein des Menschen als dessen wichtigstem

---

[248] vgl. HWM S. 50, Z. 20ff

Werkzeug die Inspiration und Energie zwar vom Sein her zu nehmen, aber alles Begriffene und Umgriffene auch bereits zu Seiendem
zu verarbeiten scheint.

Grundsätzlich mag dieser Ansatz, den er auch in einigen Fernsehin-
terviews zum Ausdruck brachte[249], der wesentliche und klarste, da
auch der wichtigste seiner Ausführungen zur Metaphysik sein: Man
habe sich in irgend einer Form nicht mehr um das eigentliche Sein
gekümmert – man habe zwar gedacht, man würde sich mit wirklichen Fragestellungen zu Dingen hinter den Dingen kümmern, aber
es waren eben doch nur Erscheinungen, nach Heidegger: Seiendes
im Seienden.

Die Seinsvergessenheit wird ausgelöst durch mannigfaltige Aspekte:
Ein Aspekt ist sicherlich der nach Heidegger, dass durch falsche
Fragen und falsche Ansätze sowie eine falsche Perspektive nicht das
Sein, sondern das Seiende untersucht wurde und ja immer noch
wird. Eine reine Methodenfrage also?

Es ist dann doch schade, dass der Philosoph oftmals nebulös, wie aus
einem Zauberhut, aber mit einem gefühlsmäßigen Vorgehen – die

---

[249] zum Beispiel unter: Interview mit Heidegger unter: Über das Wesen des Menschen…, a.a.O., 1963, unter: http://www.youtube.com/watch?v=4F0V9l8bUqc

Angst! –, einfach zum banalen Punkt will, dass er ein anderes Ziel auserkoren hat als die (seiner Ansicht nach) bisherige Metaphysik: Diese habe fälschlicherweise das Seiende angepeilt, im Streben nach der Wahrheit also das falsche Ziel anvisiert. Unbewusst, natürlich. Er aber will ins wirkliche Sein vordringen. Dass ihm dies nur mit Mitteln gelingt, die nur schwer nachzuvollziehen sind und ohne wirkliche empirische Belege wie aus einem Nichts, erscheint schwer erträglich. Auch wenn das Bild eines Daseins, welches über das Seiende hinaus in das Nichts vorstößt und dabei Angst erlebt, die ihn das Seiende bewusst werden und erfahren lässt, durchaus einleuchtend ist.

Denn – falls man diese Seinsvergessenheit grundsätzlich bejaht und die These vertritt, dass es dem Menschen nur schwer möglich ist, diese Differenz zwischen Sein und Seiendem gedanklich und gefühlsmäßig nachvollziehen und irgendwie denkend überwinden zu können – ist es nicht so, dass der Mensch durch eine Art Realismus, in dem es Mechanismen suggestiver Prozesse gibt, quasi das Dasein dahingehend vernebelt bekommt, dass er das Sein nicht mehr erkennen kann? Und es sich somit nicht um eine Seinsvergessenheit á la Heidegger, sondern nur um eine permanente Ablenkung oder Dauersuggestion handelt, die das Dasein des Menschen vom Seinsbewusstsein wegdrängt? So könnte das Dasein im eigentlichen Sinne als Wesenschaft des Menschen strukturell zwar richtig aufgestellt sein, um klar und deutlich Seinscharakteristika auch ohne Umwege oder Hinaustretungen in ein Nichts eruieren zu können, aber durch etwas, was es noch zu untersuchen gälte, daran gehindert werden. Es könnte aber auch so sein, dass der Mensch nur strukturell falsche Positionen einnimmt (Perspektive, Ausgangsposition), die es ihm unmöglich machen, ein erkennendes Verhältnis zum Seienden und Sein einzunehmen und die es ihm unmöglich machen, das Sein als Sein wahrzunehmen. Und nur dazu führen, dass er innerhalb des Realismus im Dasein Dinge beobachtet, die der Mensch als Sein oder Seiendes ausmacht, welche aber nur verbergende Elemente darstellen und bei denen es etwas Dahinterliegendes gibt.

Somit wäre die pädagogische Empfehlung Heideggers nach der Bewusstwerdung dieser Seinsvergessenheit ein Prozess der konkreten Untersuchung über das, was den Menschen umgibt, der eine Untersuchung über das Verhältnis des Menschen mit dieser Umgebung folgen sollte, damit man eine strukturelle Position einnehmen kann, die es dem Menschen ermöglichen würde, etwaige Ablenkungensmuster zu erkennen, diese sezierend vom Sein und möglichen Seienden zu unterscheiden und sich dadurch Klarheit zu verschaffen. Heidegger vermerkte ja bei jeder Gelegenheit, dass die Betrachtung des Daseins des Menschen für eine Seinsbeschäftigung unabdingbar ist. Klarheit ermöglichen für das eigentliche Sein, wenn man davon ausgeht, dass dadurch ein Erkenntnisgewinn möglich ist. Die Aufgabe der Metaphysik wäre es demnach, weniger über dieses Sein als einem Land des Unbekannten nachzudenken als über eine Verbindung zwischen dem Sein und Seienden, wobei die Metaphysik eine Transkription oder Sprache des Seins wäre, wie sie im Seienden auch für den Menschen verständlich sein könnte. Eigentlich banal und doch so schwer.

Es bleibt spannend in der Geschichte der Menschheit und im Leben des Menschen als desjenigen, der um sein Eingebettetsein im Sein und seine Erkenntnis im Seienden weiß.

4. Literaturverzeichnis

Der Autor erliegt nicht der allgemein vorherrschenden pseudophilo-sophischen Arbeitsweise, wahllos Literatur seitenweise aufzuführen, die nur spärlich oder gar nicht für den Text verwendet wurde. Es versteht sich von selbst, dass – im Sinne einer Klarheit hinsichtlich der Arbeitsweise – Literatur, die zum Verständnis benötigt wurde, aber nicht explizit zitiert wird, nur sehr sorgfältig aufgeführt werden sollte.

a) Primärliteratur von Martin Heidegger

Heidegger, Martin. Was ist Metaphysik. Frankfurt am Main: Vittorio Klostermann, 15. Aufl., 1998

b) Sekundärliteratur

Hoerster, Norbert [Hrsg.]. Klassiker des philosophischen Denkens. Band 2. 6.Auflage. München: dtv, 2001

Kunzmann, Burkard, Wiedmann [Hrsg.]. dtv-Atlas zur Philosophie.
München: Deutscher Taschenbuch Verlag, 4.Aufl., Oktober 1994

c) Zeitschriften / Magazine

DER SPIEGEL 14/1962 „Die Wacht am Sein"

d) Internetrecherche

Natürlich kann es im Internet jederzeit zu Verschiebungen von Do-
mains usw. kommen mit der Folge, dass die hier aufgeführten Quellen unter der angegebenen Adresse nicht mehr auffindbar sind. Al-
lerdings stünde einer Verwendung solcher Internetquellen ein Aus-
schluss moderner Medien gegenüber, was der Integration des Internet bei der Recherche für wissenschaftliche Arbeiten abträglich wäre.
Wichtig hierbei ist daher die Nennung der Quelle der Internetadres-
se, über die ggf. die Quellen erfragbar sind.

Stiftung Deutsches Historisches Museum (DHM), unter:
http://www.dhm.de/lemo/html/biografien/HeideggerMartin

Interviews und Portraits mit und über Heidegger:

Über das Wesen des Menschen, Philosophie und Religion, die Methode des Denkens, Technik und Philosophie, Atheismus und die Selbstbesinnung der Menschen (Bhikkhu Maha Mani, Herbst 1963), unter: http://www.youtube.com/watch?v=4F0V9l8bUqc

Die vollständigen Reden Heideggers aus der NESKE-Dokumentation (1975), Teil 1, unter:
http://www.youtube.com/watch?v=mHc4v8R1wX0

Die vollständigen Reden Heideggers aus der NESKE-Dokumentation (1975)", Teil2, unter:
http://www.youtube.com/watch?v=6BHvdTZomK8

Ohne Quellenangabe im Text, aber interpretatorisch verwendet:
Heidegger, Martin, „Man kann nicht nach dem Sein fragen, ohne nach dem Wesen des Menschen zu fragen", in: „Im Denken unterwegs...", Walter Rüdel, 1975, unter:
http://www.youtube.com/watch?v=WxjjgGcx6o8